Écrivez, Publiez !

7 Techniques Ultra-Efficaces
Pour Rédiger Rapidement
Et Facilement
Des E-books Et Des Articles De Blog

Stéphane Sigault

Copyright © 2017, Stéphane Sigault. Tous droits réservés.

Table des matières

Introduction 5
1. Les livres de conseils, trucs et astuces 11
2. Les livres de listes 17
3. Les livres de citations 21
4. Les livres « How To » 23
5. Les anthologies 27
6. Le développement d'une idée de base........................31
7. Les livres de Questions/Réponses 35
Conclusion 37
Merci 39

Introduction

Un auteur n'a point écrit en vain, si son livre a pu inspirer une bonne action.
Cécile Fée

Nous sommes tous très occupés. Peut-être aimeriez-vous écrire et publier un e-book, que ce soit à titre personnel ou parce que vous sentez que cela pourrait être profitable à votre entreprise, mais vous n'en avez tout simplement pas le temps ! Peut-être êtes-vous déjà très pris par la rédaction d'articles en tous genres, de billets pour votre blog ou de lettres d'information.

Cependant, j'ai une bonne nouvelle pour vous : tout n'est pas perdu ! En effet, il existe certains types d'ouvrages qui ont fait leurs preuves et que vous pouvez écrire *rapidement*. Si vous tenez un blog, cela est particulièrement vrai car il est tout à fait possible – et rentable – de transformer les divers articles de votre blog en e-books courts et précis.

Quand je parle d'e-books courts, je pense à des livres contenant **entre 15 et 100 pages**, ce qui représente environ **4 000 à 35 000 mots** en prenant une police standard de manuscrit. Il ne s'agit bien sûr pas ici d'écrire l'œuvre de votre vie, ni de la grande littérature. Il s'agit tout simplement de trouver un ou des sujets d'e-books courts que vous pouvez écrire facilement et sans que cela ne soit trop chronophage.

Tout d'abord, il s'agit d'élaborer le plan ou le squelette de votre livre. Point n'est besoin d'y consacrer plus de travail ou de temps que nécessaire. Gardez en tête que vos chapitres, à l'image de votre livre, doivent être courts. Écrivez juste ce qui est nécessaire et pas plus. Si vous avez un blog, publiez les chapitres de votre livre sur votre blog. Écrivez-les d'ailleurs dans le même style, comme si vous les destiniez à être publiés en ligne.

Ce qu'il vous faut par dessus tout, c'est de la discipline. Mettez-vous chaque jour à l'ouvrage, c'est-à-dire que chaque jour, il faut que vous vous asseyiez pour écrire au moins 500 mots. Décidez à l'avance de la longueur de vos chapitres en termes de mots. **Je vous suggère d'écrire des chapitres faisant chacun 1 500 à 2 500 mots.** Ceci n'est qu'une indication, vous pouvez suivant les cas dépasser légèrement ces limites dans un sens ou dans l'autre mais l'expérience montre que cela fonctionne bien.

Chaque chapitre fera donc entre 3 et 5 « articles » de types posts de blog, chacun d'eux d'une longueur moyenne d'environ 500 mots. Au final, pour un e-book type de 10 chapitres par exemple, vous obtiendrez un e-book d'une longueur totale comprise entre 15 000 et 25 000 mots, ce qui est tout à fait raisonnable pour ce type d'ouvrages.

Ne perdez pas de vue que pour le genre de sujets que vous voulez traiter, les gens ne s'attendent pas à lire de la belle prose, mais plutôt à trouver la solution à un problème spécifique, ou à voir explorer précisément telle ou telle problématique.

Tous les logiciels de traitements de texte actuels disposent d'un compteur de mots. Cela peut paraître contre-productif au premier abord mais vous devez toujours garder un œil dessus. Ainsi, vous n'écrirez pas plus que nécessaire. L'objectif n'est pas d'en faire le moins possible, il est de ne pas vous perdre en développements inutiles qui nuiraient au côté « droit au but » du sujet que vous voulez traiter et pour lequel des personnes ont peut-être payé. Ce que ces personnes veulent, c'est trouver rapidement l'information qu'elles recherchent sans devoir la chercher au milieu de longs développements inutiles voire ennuyants et hors-sujet.

N'oubliez pas votre objectif principal, qui rejoint le leur :

Écrire rapidement de courts e-books

J'ai décrit dans mon précédent ouvrage « 3 semaines pour publier » une méthode complète pour rédiger un ouvrage plus étoffé et de qualité, et de nombreuses personnes ont pu finalement publier l'ouvrage qu'elles portaient en elles depuis parfois fort longtemps, sans oser, ou sans savoir comment, passer à l'acte.

Toutefois, à la suite de nombreuses demandes, j'ai décidé de fournir en complément à mes lecteurs une méthode pour écrire rapidement et facilement des e-books ou des articles de blogs relativement courts et qui vont droit à l'essentiel, mais toujours dans un souci de qualité, car cela doit être et rester votre objectif principal.

Nous allons voir à présent 7 types d'e-books qui se prêtent parfaitement à cet exercice. Que vous décidiez de les publier d'abord sous forme de posts de blog afin de les réunir dans un e-book par la suite, ou que vous souhaitiez procéder dans le sens inverse – de l'e-book vers le blog – le processus est le même et les différents types de contenu que je vais maintenant détailler s'appliquent de la même façon.

Pour chaque type d'e-books, je donnerai quelques exemples d'ouvrages que je considère de qualité et correspondant à ce que je veux mettre en avant :

- Des ouvrages rédigés en anglais, notamment américains, car leurs auteurs sont bien souvent des pionniers et des références dans le domaine de l'auto-édition numérique
- Des ouvrages rédigés en français afin que vous puissiez avoir une idée précise du type d'ouvrages dont je parle, même si vous ne maîtrisez pas la langue de Shakespeare

1. Les livres de conseils, trucs et astuces

Les deux types de livres de conseils

Ce genre de livres a beaucoup de succès. Comptez en moyenne **entre 10 et 101 conseils** à répertorier. Cela permettra à votre lecteur de trouver dans la liste ce qu'il recherche ou ce qui lui correspond le mieux, et de faire quelques découvertes.

Il n'y a pas de normes absolues de présentation pour ce type d'ouvrage, mais en gros il existe deux types de livres de conseils :

- Certains recensent **un conseil par page**, ce qui est tout à fait suffisant et oblige à compacter l'information pour ne présenter que la quintessence dudit conseil.
- D'autres choisissent tout simplement **d'écrire à la suite une liste de conseils** à peine développés, chaque pages en contenant donc plusieurs.

Votre choix dépendra de ce que vous voulez dire pour chaque conseil. Si vous souhaitez expliquer un minimum ce que chaque conseil recouvre, ou si vous pensez que cela est nécessaire, choisissez la première approche – un conseil par page – afin d'inclure un ou deux paragraphes d'explications.

Si vous voulez simplement fournir une liste ou que vous pensez que l'intitulé du conseil ne nécessite pas davantage d'explications, choisissez le deuxième type de présentation – soit simplement l'intitulé éventuellement assorti d'une phrase de commentaire si vous le souhaitez, ce qui rend la liste plus « vivante » qu'une simple énumération.

N'oubliez pas toutefois que votre choix aura un impact direct sur la longueur finale de votre livre, car vous ne pouvez pas vous contenter d'écrire une phrase par page.

Le choix du sujet

Entrons maintenant dans le vif du sujet si j'ose dire, à savoir le sujet lui-même. Écrire un livre de conseils, trucs et astuces est relativement simple. Il suffit d'établir une liste à propos de quelque chose que vous connaissez bien, voire que vous maîtrisez parfaitement mais rassurez-vous, cela n'est pas indispensable.

Il faut bien sûr que vous connaissiez raisonnablement le sujet sur lequel vous allez écrire mais le plus important est de cibler correctement les attentes de vos futurs clients potentiels. Essayez dans un premier temps de lister les questions que vos futurs lecteurs se posent fréquemment sur le sujet. Même si personne ne vous les a posé personnellement, vous pouvez facilement trouver sur des blogs ou des forums des questions de personnes intéressées par ce sujet.

Voici des exemples de sujets qui intéressent beaucoup de gens dans le domaine professionnel, avec un chiffre correspondant au nombre de conseils prodigués :

- 30 manières de manager vos employés – même les plus difficiles !
- 99 idées pour lancer un business qui cartonne !
- 20 pistes méconnues pour économiser au quotidien !

Vous noterez que j'ai inclus dans la présentation, c'est-à-dire le titre de l'ouvrage, la réponse à une des problématiques fréquemment mentionnée par les clients : subordonnés difficiles à manager, business rentable, économie dans la vie de tous les jours.

Donc, si vous avez une certaine expérience dans l'un ou l'autre de ces domaines, ou de multiples idées, vous êtes tout à fait à même d'écrire rapidement un e-book traitant de ce sujet. Les exemples précédents ne sont que des exemples bien sûr, à vous de trouvez ce qui vous convient. Si vraiment vous n'avez pas d'idées, voici quelques pistes à explorer.

Vous pouvez écrire sur :

- ce que vous connaissez
- ce sur quoi vous avez de l'expérience
- ce sur quoi les autres vous demandent régulièrement conseil
- ce que vous aimez, qui vous passionne et vous fait vibrer

Écrire un e-book ou un article de conseils est à la portée de pratiquement n'importe qui. Sa longueur ne dépend que du nombre de conseils, trucs, astuces, moyens, étapes, etc. que vous choisissez (ou pouvez) développer. Vous avez compris le principe : quelque soit le terme que vous choisissez d'employer, délimitez-le par un nombre – 30 jours pour..., 50 astuces..., etc.

Si vous choisissez de simplement énumérer cette liste sans autres développements, cela ne fera bien sûr pas un livre entier. Vous devrez soit l'inclure dans une problématique plus large, soit la compléter par d'autres listes sur des sujets relatifs.

N'hésitez pas à regarder ce que font certains auteurs à succès et à vous en inspirer. Certains livres utilisent des **illustrations** pour entrecouper leurs listes, et c'est une bonne méthode pour deux raisons :

1. cela permet d'égayer ou d'enrichir la thématique, et
2. cela permet d'étoffer un peu la liste en terme d'espace

Si le thème de votre liste s'y prête – et quasiment tous les thèmes le font – utilisez cette technique qui plaît toujours au lecteur, à condition de ne pas en abuser. Vous n'allez bien évidemment pas insérer une illustration par conseils, surtout si vous en avez 100. Quelques illustrations bien choisies suffiront.

Exemples de livres de conseils, trucs et astuces

En anglais :

« Kindle Fire Tips and Tricks » de Tim Sievers, qui faisait au départ 70 pages et qui en contient désormais une centaine dans l'édition revue et mise à jour, est un bon exemple de ce type de livres, qui inclut également des illustrations.

En français :

« Libérez-vous de votre corps !: 10 techniques redoutablement EFFICACES pour faire ENFIN un voyage astral » de Siraën, très court mais best-seller de sa catégorie.

« Les 13 Vertus De L'Homme: 13 Leçons De Virilité Inspirées De Benjamin Franklin » de Dave Rottman, qui existe par ailleurs en version brochée, ce qui est tout à fait possible dès lors que vous adaptez le texte en conséquence, même pour un livre court.

2. Les livres de listes

Ce genre de livres est un peu le frère du précédent. Si vous savez rédiger une liste, vous pouvez rédiger un e-book de ce type. Ici, vous allez simplement rédiger une liste de 10 à 100 items qu'il vous semble important de porter à la connaissance de vos lecteurs sur un sujet précis.

A partir de là, vous aller écrire un court essai qui reprend et détaille brièvement chacun des éléments présents sur votre liste. Si votre liste est très longue, plusieurs centaines ou milliers d'items, vous pouvez simplement les lister et les publier tels quels.

Passez en revue tout ce que vous savez à propos d'un produit, d'un service, d'un business, d'un secteur, etc. Posez-vous des questions sur ce qu'attendent vos lecteurs, par exemple :

- Qu'est-ce que vos clients veulent ou ont besoin de connaître à ce sujet ?
- Quelles informations sont susceptibles d'apporter un bénéfice ou une plus-value à vos clients ?

- Combien de choses ou de moyens différents d'aborder un sujet connaissez-vous qui peuvent apporter une valeur ajoutée à la vie de vos lecteurs ?

Pour identifier cela, prenez du papier et de quoi écrire, asseyez-vous confortablement et au calme et listez tout ce qui vous vient à l'esprit. Puis développez brièvement chaque élément avec un paragraphe ou deux. Vous pouvez et devriez le faire chaque jour lors d'une courte session d'écriture, soit dans l'optique de votre livre, soit dans le cadre de la rédaction d'un article de blog. En peu de temps et sans même vous en être aperçu, vous aurez un livre complet et prêt à être publié.

Quel que soit votre sujet de prédilection et d'expertise, le business, la musique ou l'art de boire du thé, vous pouvez élaborer et rédiger une liste sur le sujet.

Exemples de livres de listes

En anglais :

« 14,000 Things To Be Happy About » de Barbara Ann Kipfer et

« 1,818 Ways to Write Better & Get Published » de Scott Edelstein

qui sont deux bons exemples de livres de listes longues.

« 50 Ways to Drink Tea » de Evelyn Sotiris, un ouvrage sur le thé, best-seller de la catégorie « Coffee & Tea » sur Amazon.com.

En français :

« 99 Affirmations Ultra-Puissantes pour La Loi d'Attraction: Maîtrisez Votre Pouvoir Créateur Pour Manifester Tout Ce Que Vous Souhaitez » de Frank Costa. L'auteur en a fait une série, chaque ouvrage étant consacré à un thème précis sur le même modèle des « 99 affirmations ».

« 100 astuces super-efficaces pour économiser de l'argent aujourd'hui: Comment gagner plusieurs centaines d'euros par an avec de petits changements au quotidien » de Mona Jenkins.

3. Les livres de citations

Trouvez suffisamment de citations pour remplir un court e-book – entre 25 et 50 – sur le thème de votre choix, dans un domaine où vous avez une certaine expertise. Puis commentez chaque citation et apportez un éclairage personnel. Essayez de transmettre ce que l'auteur de tel célèbre aphorisme a essayé de dire, dans quel contexte, ce que cela signifie pour vous, pourquoi vous l'avez choisi ou même, dans une optique purement pratique, comment cette citation peut servir dans la vie de tous les jours ou pour la réussite d'une entreprise.

Les citations ont un grand potentiel d'élévation et d'inspiration, et cela est précieux au quotidien, que ce soit dans la vie personnelle ou professionnelle. Bien qu'il soit nécessaire de faire quelques recherches préalables pour trouver et choisir les citations, vous pourrez ensuite écrire dans la foulée le reste du livre et partager votre expertise. Ce type d'ouvrage est très utile pour établir ou renforcer votre autorité rapidement. De plus, ce type de livre est facilement transposable en posts de blog et les gens aiment partager ce genre de posts.

Exemples de livres de citations

En anglais :

« The Tao of Warren Buffet » de David Clark et Mary Buffet. Ses 196 pages le situent bien au-delà du type de livre court dont nous parlons mais vous pouvez vous en inspirer pour savoir quoi inclure et comment le développer. Les chapitres sont regroupés par thèmes et chaque citation est expliquée.

En français :

« Tennis : 50 citations pour transformer tes défaites en victoires: Le mode d'emploi des plus grands penseurs de l'humanité » de Dorian Martinez qui commente à travers son ouvrage citations et proverbes.

4. Les livres « How To »

La plupart des livres que j'édite ou que je conseille aux gens d'écrire lors de mes séances de coaching tombent dans la catégorie « non-fiction ». En d'autres termes, ils offrent des conseils et des méthodes sur tel ou tel sujet précis. Par exemple :

- 10 façons d'être un meilleur parent
- Comment écrire et être publié en 3 semaines
- Améliorez votre productivité en 12 étapes...

Les auteurs de ce type d'ouvrages sont parfois des experts, reconnus ou non, ou bâtissent leurs livres sur la consultation et des entretiens avec des experts, sur des sujets aussi variés que :

- Comment faire soi-même son jardin biologique
- Comment perdre du poids
- Comment affirmer son leadership...

Dans le langage anglophone, ce type de livre est appelé « how-to books » (HTB), qu'on pourrait traduire par

« livres comment-faire », bien que cette expression, courante aux États-Unis, ne soit pas employée en France. Voici quelques types de HTB qui fonctionnent bien :

- Les manuels (Le manuel de l'éleveur canin)
- Les guides (Créer un blog : le guide du débutant)
- Les livres de règles (Les 50 règles d'or du savoir-vivre)
- Les livres « étapes par étapes » (Créer un business plan en 20 étapes)

Une fois le thème choisi, rien de plus simple : couchez sur le papier les méthodes, les étapes ou les règles dont vous voulez traiter et que vous souhaitez inclure dans votre e-book puis commencez à développer vos conseils ou vos techniques.

Essayez d'aborder le sujet sous tous les angles, en listant tout ce qui pourrait être utile – ou inquiéter – vos clients. Gardez vos chapitres courts et axés sur l'essentiel, en détaillant quelques étapes simples sur le sujet traité.

Exemples de livres « How to »

En anglais :

« How to Manage in Times of Crisis » de Ichak Adizes fait moins de 100 pages et correspond bien à ce que devrait être un HTB.

En français :

« Attirez l'argent ! : Comment vous débarrasser définitivement de tous vos problèmes d'argent et réaliser tous vos rêves » de Gary Avila.

« Techniques de Vente: Décuplez et Concluez vos Ventes Rapidement et Efficacement » de Gilles Pottier.

5. Les anthologies

« Tout cela est très bien, me direz-vous, mais moi, je n'ai vraiment pas le temps de faire tout ça ! »

Bien, dans ce cas il existe une autre solution si vraiment vous n'avez pas le temps d'écrire vous-même le contenu de votre livre : solliciter l'aide d'experts. Demandez à quelques personnes ayant une expertise sur le sujet (entre 10 et 25) de contribuer à un chapitre de votre e-book. Vous pouvez même pour cela utiliser les articles éventuellement rédigés sur votre blog par d'autres blogueurs « invités » (avec leur autorisation écrite).

Pourquoi ces personnes, ces experts dans leurs domaines accepteraient-ils de faire cela pour vous ? Les personnes ayant une expertise sur un sujet ont avant tout la passion de celui-ci. Elles aiment partager cette passion, même si cela leur demande un effort ou n'est pas synonyme de bénéfices financiers, en tout cas pas immédiats. D'autre part, si votre livre ou votre blog marche bien, cela contribue à les faire connaître et à leur conférer un statut d'expert reconnu, que l'on sollicite et qui compte dans son domaine. Dans certains cas, les retombées sont exceptionnelles au regard du temps passé à écrire un court article.

Revenons à votre livre. Faites en sorte que chaque chapitre soit relié à un thème. Pour cela, je vous suggère de créer à l'avance le plan de votre e-book et de demander à chaque personne sollicitée de contribuer à tel ou tel chapitre, en fonction de son expertise propre. Afin d'être précis dans vos attentes, donnez une feuille de route précises à vos interlocuteurs, qui détaille notamment les éléments suivants :

- Le thème précis à développer
- Le nombre de mots souhaité
- La date limite requise
- Et bien sûr, l'autorisation à utiliser leur travail et à l'inclure dans votre livre et/ou sur votre blog

Quand vous avez réuni toutes les contributions, ou même avant, écrivez vous-même un chapitre (c'est le minimum), une introduction et une conclusion. Voilà ! Votre livre est prêt. N'oubliez pas de remercier chaque personne et soyez prêt à faire la même chose pour elles si un jour elles vous sollicitaient en ce sens.

Exemples de livres d'anthologies

En anglais :

« Jack Canfield and Mark Victor Hansen's Chicken Soup for the Soul Series » est un exemple d'anthologie très populaire aux États-Unis.

En français :

« Un 1er bol de bouillon de poulet pour l'âme » de Jack Canfield et Mark Victor Hansen, version française du précédent.

6. Le développement d'une idée de base

Votre entreprise gravite-t-elle autour d'une idée centrale ou d'un concept prédominant ? Ou peut-être avez-vous en tête un concept que vous aimeriez partager avec vos clients actuels ou potentiels, voire avec le monde entier ? Une idée qui pourrait, selon vous, élargir votre clientèle et faire décoller votre entreprise ? Si tel est le cas, concentrez-vous sur cette idée et écrivez un court e-book sur le sujet.

Essayez de développer et d'expliquer votre idée d'une manière simple et concise. Approfondissez le concept en utilisant, entre autres :

- Des études de cas
- Des chiffres et des statistiques
- Des rapports
- Des anecdotes

Plutôt que de découper votre idée principale en chapitres, divisez-la en sous-thèmes. Ajoutez une introduction, une conclusion, et développez votre e-book ou votre article.

Vous obtenez au final l'équivalent d'un long article bien centré sur un thème précis, un genre de manifeste. Pour certaines personnes, ce type d'ouvrage paraît moins intimidant à écrire.

Exemples de livres construit sur le développement d'une idée de base

En anglais :

Seth Godin est un bon exemple de ce que peut être au final un court e-book centré autour d'une idée principale. Voyez par exemple :

« Tribes: We Need You to Lead Us » (disponible en français sous le titre « Tribus - Nous avons besoin de VOUS pour nous mener ») et
« The Dip: A Little Book That Teaches You When to Quit (and When to Stick) » (également traduit en français sous le titre « LE DIP »).

En français :

« L'art du vide: Purifier son intérieur pour libérer son âme » de Carolyn L. Hetzel, un ouvrage remarquable d'équilibre entre idée de base et application pratique, tout cela sous une forme claire et concise. Les lecteurs ne s'y sont d'ailleurs pas trompé, qui l'ont plébiscité.

7. Les livres de Questions/Réponses

Le dernier type de livre facile à écrire rapidement est le type d'ouvrage « Questions et réponses ». Tout est dans la formulation, qui dit exactement ce qu'est ce type d'ouvrage : un livre destiné à fournir les réponses aux questions les plus souvent posées par vos clients ou les personnes intéressées par le sujet. Sur un blog notamment, il est très simple de poster chaque jour une question assortie d'une réponse élaborée.

Si vous avez déjà un blog et que vous souhaitez écrire un court e-book à partir des questions les plus fréquemment posées par ceux qui vous suivent, vous vous apercevrez probablement que vous avez déjà répondu à la plupart d'entre elles dans vos commentaires. Ainsi, vous n'avez plus qu'à organiser et présenter ces réponses.

Si c'est le cas, vous avez déjà entre les mains la plus grosse partie de votre livre. Compléter avec ce qui manque et qui vous paraît important, écrivez une courte introduction pour présenter la problématique, une conclusion, et votre livre est prêt. Mais même si ce n'est pas le cas, vous pouvez facilement le faire en partant de zéro.

Exemples de livres de Questions/Réponses

En anglais :

« <u>WINE: The Truth About Wine: The Answers to the Questions You Never Dared to Ask</u> » de Yves de Boisredon.

En français :

« <u>60 questions étonnantes sur l'amour et les réponses qu'y apporte la science: Un question-réponse sérieusement drôle pour déjouer les clichés !</u> » de Marc Olano.

Conclusion

Vous savez à présent comment écrire rapidement et facilement un court e-book ou un article de blog. Utilisez simplement l'un ou l'autre des types d'ouvrages que nous avons passé en revue. Ce sont les méthodes qu'emploient tous ceux qui ont besoin d'écrire pour se faire connaître ou partager ce qui leur semble important. Ces techniques ont fait leur preuves, elles ont marché, elles marchent toujours et il en sera de même pour vous.

Une fois que votre livre est rédigé, vous n'avez plus qu'à créer une couverture, à convertir votre livre dans un format prêt à être publié, ce que la plupart des plateformes d'auto-édition proposent, et à le mettre en ligne.

En un rien de temps et sans avoir eu besoin d'y consacrer un temps démesuré, vous aurez un outil de promotion de votre idée ou de votre entreprise accessible à tous en ligne, ou même dans une version papier.

Maintenant, à vous de choisir le concept qui vous convient le mieux, ou le plus adapté à votre besoin et bien sûr, à vous mettre à l'ouvrage. Vous avez tout ce qu'il vous faut, car je puis vous l'assurer, il n'y a rien de plus à savoir, rien de magique ou d'ésotérique.

De plus, vous découvrirez vite que le processus est très amusant. Une fois que vous l'aurez testé par vous-même, je suis sûr que vous ne vous arrêterez pas là et qu'avant même de vous en apercevoir, vous aurez plusieurs e-books à votre actif !

Merci

Je veux vous remercier d'avoir lu ce guide pratique qui, je n'en doute pas, vous permettra d'atteindre rapidement votre objectif, à savoir écrire et publier facilement et rapidement de courts e-books et des articles de blogs de qualité et qui vont à l'essentiel. C'est ce qu'attendent ceux qui vous liront et vous savez à présent comment leur offrir cela.

Si ce livre vous a été utile et vous a plu, n'hésitez pas à laisser un commentaire afin de partager votre expérience de lecture.

Que l'inspiration soit avec vous !

Stéphane

Du même auteur :

3 semaines pour publier: Comment écrire rapidement et facilement un eBook à 5 étoiles

www.ingramcontent.com/pod-product-compliance
Lightning Source LLC
Chambersburg PA
CBHW072306170526
45158CB00003BA/1205